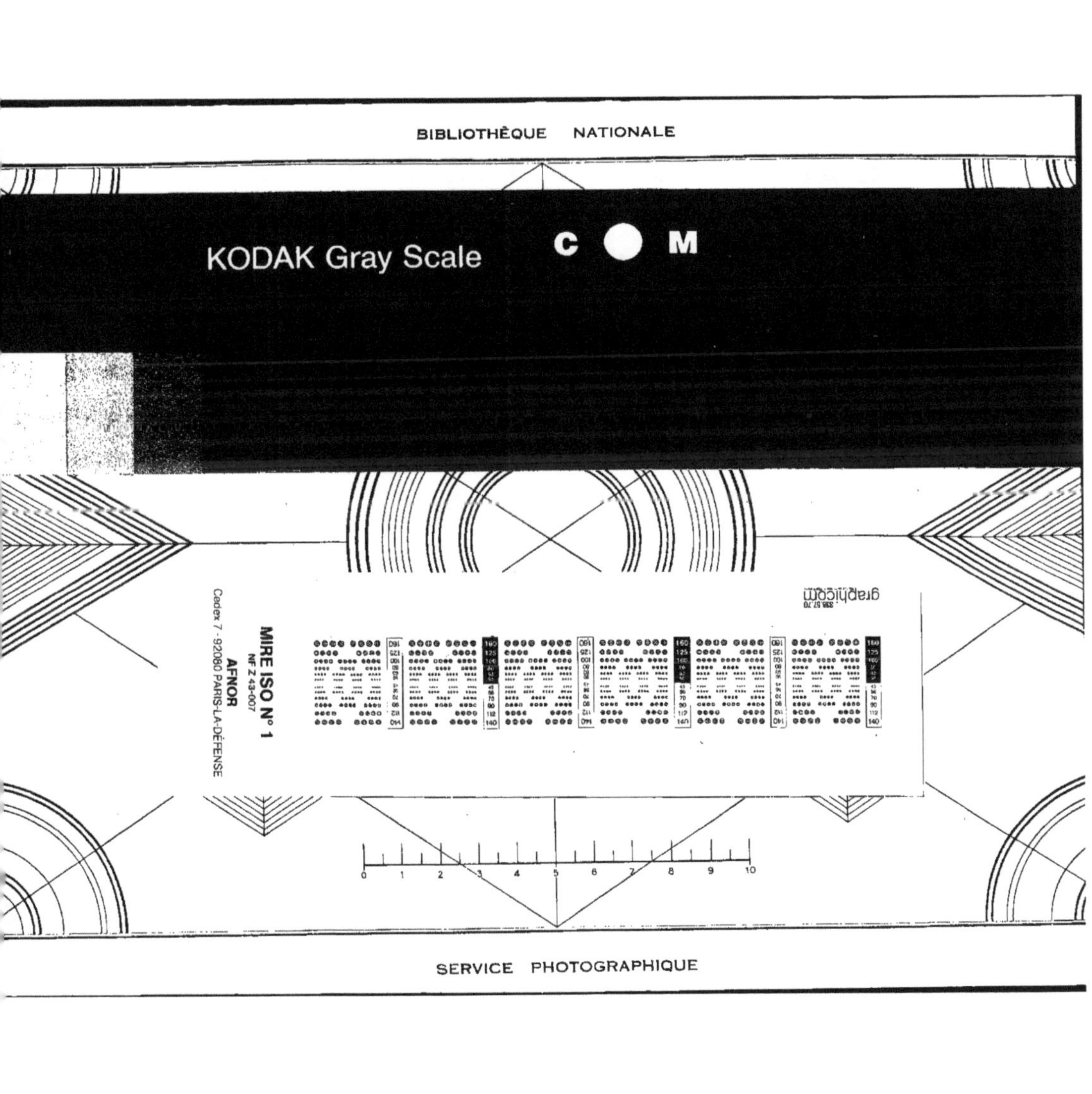
BIBLIOTHÈQUE NATIONALE
KODAK Gray Scale
C M
MIRE ISO N° 1
NF Z 43-007
AFNOR
Cedex 7 - 92080 PARIS-LA-DÉFENSE
SERVICE PHOTOGRAPHIQUE

RECHERCHE LA BIBLIO-
N FICHIER DES TRAVAUX
QU'ELLE CONSERVE.

ATEURS DU PRÉSENT
ER LES ÉTUDES
T ET PUBLIERAIENT A

M. PHILIPPE, dans le Rôle de M. Sans-Gène, Vaudeville en un acte, de MM. Désaugiers et Gentil.

Théâtre du Vaudeville

M. SANS-GÈNE.

J. Duplessi-Bertaux sculp.

(à M. Dorval) Mon ami, c'est encor moi,
Je viens de verser en route;
Et tu voudras bien, je croi
M'héberger, coute, qui coute!
(à Babet) Babet mets à terre deux matelats,
Sommier, lit de plume, oreiller et draps;

Mais quand je suis entré, ma chère,
Avec ces Messieurs ne parliez-vous pas?
Ne vous gênés pas, (Bis)
(au Public) Excusés Messieurs
(à Henriette) Ne vous gênés pas. (Bis.

A Paris, chez Martinet, Libraire, rue du Coq, N.º 15.

M. SANS-GÊNE,

OU

L'AMI DE COLLÈGE,

VAUDEVILLE EN UN ACTE,

Par MM. DESAUGIERS et GENTIL.

Représenté pour la première fois à Paris, sur le théâtre du Vaudeville, le 13 mai 1816.

Prix 1 fr. 25 c.

A PARIS,

Chez BARBA, libraire, Palais-Royal, derrière le Théâtre-Français, n° 51.

1816.

IMPRIMERIE DE CHAIGNIEAU AÎNÉ.

PERSONNAGES.	ACTEURS.
M. DUMONT, propriétaire.	*M. Edouard.*
HENRIETTE, fille de M. Dumont.	*Mlle Lucie.*
EUGENE, prétendu d'Henriette.	*M. Gontier.*
SANS-GÊNE, ami de collège de M. Dumont.	*M. Philippe.*
BABET, gouvernante de M. Dumont.	*Mad. Bodin.*
LATREILLE, vieux jardinier.	*M. Hypolite.*
VOYAGEURS.	

La scène se passe dans une petite ville aux environs de Paris.

M. SANS-GÊNE,

OU

L'AMI DE COLLÈGE.

Le théâtre représente une anti-chambre voisine de la salle à manger, et à laquelle aboutissent deux appartemens. Une cage vide et ouverte est à côté de la fenêtre.

SCÈNE PREMIÈRE.

CHŒUR DE CONVIVES, *à table, dans la pièce voisine.*

AIR *du branle sans fin.*

Buvons, amis, buvons plein,
En voyage
C'est l'usage,
Plus on a bu de bon vin,
Plus les chevaux vont bon train.

SCENE II.

LES PRÉCÉDENS, BABET, LATREILLE.

BABET, *un sac de graines à la main.*

Juste ciel! mais voyez donc
Comme ce monsieur nous mène.

LATREILLE.

N' fallait pas savoir son nom
Pour voir qu' c'était m'sieu Sans-Gène....

CHŒUR.

Buvons, amis, etc.

LATREILLE.

Il faut rire quand on l'voit....

BABET.

Est-il rien de plus étrange
Que la façon dont il boit?

LATREILLE.

Oui, c'est celle dont il mange.

CHŒUR.

Buvons, amis, etc.

LATREILLE, *riant.*

Les entendez-vous? S'en donnent-ils?

BABET.

Pardi! pour ce que cela leur coûte.... Mais, en vérité, moi, je ne reviens pas de cet olibrius qui s'impatronise dans la maison, comme s'il en était le maître.

LATREILLE.

Qui y commande, comme si j'étions à ses gages.

BABET.

Mais il est temps que ça finisse, car je n'y peux plus tenir, et je lui dirai son fait.

LATREILLE.

Dam! aussi, c'est vot' faute, mamselle Babet, y n' fallait point le recevoir.

BABET.

Ne pas le recevoir, et le moyen?

LATREILLE.

Pardi! en lui disant que monsieur Dumont, not'maître, est parti d'ici pour aller au Hâvre, et que pendant son absence nous n' pouvons point....

BABET.

C'est bien aussi ce que je lui ai dit; mais il m'a tant répété qu'il était le camarade d'enfance de Monsieur, son ami de collège, que nous nous exposions à nous faire chasser, si nous ne le recevions pas, enfin qu'il était un second lui-même, que je n'ai pas osé.....

LATREILLE.

Oh! pour un second lui-même, c'est ben le mot, car not' maître n' frait ni pus ni moins qu' lui à la maison.

BABET.

Comment! nous amener toutes les personnes de la diligence à dîner, quand nous ne l'attendions pas lui-même?

LATREILLE.

S'faire monter les meilleurs vins de la cave!.... Et c'te manière de commander..... V'nez-ici, allez-là, apportez-moi ci, emportez-moi ça. T'nez, mam'selle Babet, voulez-vous que j'vous dise une chose?

AIR : *Car c'est une bouteille, etc.*

I' n' faut pas être surpris
De c'te conduite commode;
Pendant long-temps à Paris,
N' fut elle pas à la mode?
Ah! combien de gens n'ont dû
Le bien, le rang qu'ils ont eu
Qu'à c'te maxime honnête :
« Ote toi d'là que j'm'y mette. »

BABET.

Vous avez ben raison, père Latreille; mais il ne faut pas que cela m'empêche de faire dîner mon sansonnet; ce pauvre animal ne doit pas souffrir de tout cela. (*Elle va vers la cage*).

LATREILLE, *à part.*

Elle est drôle avec ses bêtes..... Elle a comme ça un tas d'manies.....; mais du reste, c'est ben la meilleure criature....

BABET, *voyant la cage ouverte.*

Ah! mon Dieu!

LATREILLE.

Et pour c'qu'est d'l'honneur.....

BABET.

Il est envolé!

LATREILLE.

Envolé, qui?

BABET.

Mon sansonnet.... Qu'est-ce qui lui a ouvert la cage?

SCÈNE III.

LES PRÉCÉDENS, SANS-GÊNE, *en robe de chambre, sa serviette à sa boutonnière.*

SANS-GÊNE, *qui a entendu les derniers mots.*

Eh! parbleu! c'est moi.

BABET.

Comment, monsieur, c'est vous?

LATREILLE.

Je l'aurais parié.

SANS-GÊNE.

Non, je me serais gêné... Comment! je descends de la diligence tombant de sommeil, je me jette sur ce fauteuil pour reposer un instant, ne voilà-t-il pas que ce diable d'oiseau vient m'étourdir avec ses...., *baisez maîtresse, as-tu déjeuné... Sansonnet mignon*, et d'autres niaiseries semblables.... Ma foi, obsédé de son caquet, je lui ai donné la clef des champs..... et bon voyage.

BABET.

Mais, en vérité, voilà qui n'a pas d'exemple.

AIR : *Du major Palmer.*

Quelle conduite est la vôtre,
Et qu'êtes-vous pour oser,
Dans le logement d'un autre,
De tout ainsi disposer?

SANS-GÊNE.

Pour l'ami de votre maître
Ayez plus d'égards, sinon.....

BABET.

Un ami, de qui, peut-être,
Il ne connaît pas le nom.

SANS-GÊNE.

Finissons, je vous l'ordonne....

BABET.

Non content de m'amener,
Sans en prévenir personne,
Huit convives à dîner,
Vous exigez qu'on vous serve
Les vins fins et délicats
Que notre maître conserve
Pour les jours de grands repas...?
Mais le comble de l'audace,
C'est d'avoir fait envoler
Un pauvre animal....

SANS-GÊNE, *impatienté.*

De grace.....

BABET.

Non, je veux, je dois parler.
Jamais oiseau, de la vie,
Par moi ne fut tant aimé.

SANS-GÊNE.

Il jasait comme une pie.

BABET.

C'est moi qui l'avais formé. (3 fois.)

SANS-GÊNE.

Ah! ça, voyons, la fille, ce n'est pas de cela qu'il s'agit.

BABET.

La fille! la fille! apprenez que je suis mariée et même veuve, et que, quand je n'aurais que quinze ans, je ne serais pas encore la fille.

SANS-GÊNE.

Hé bien! la bonne....

LATREILLE.

Elle n'est pas bonne non plus.

SANS-GÊNE.

C'est ce qu'il me paraît.

BABET.

Je suis la gouvernante, la femme de confiance de la maison, et je m'appelle madame Babet et non pas la fille..... Mon pauvre sansonnet!

SANS-GÊNE.

Hé bien! madame Babet, montez-nous trois bouteilles de Champagne.

LATREILLE, *à part.*

Prends garde de l'perdre.

BABET.

Vous dites, monsieur.....

SANS-GÊNE.

Troisb outeilles de Champagne.

BABET.

Je suis bien fâchée, mais monsieur a emporté la clef du petit caveau.

SANS-GÊNE.

Est-ce qu'il n'y a pas de serrurier ici?

BABET.

Non, monsieur.

SANS-GÊNE.

Nous ne pouvons pourtant pas terminer un dîner sans Champagne; ne faut-il pas que la fin couronne l'œuvre!

LATREILLE.

Oui, une belle œuvre!

SANS-GÊNE.

AIR : *Des filles à marier.*

Un bon repas est un feu d'artifice
Dont chaque vin double l'éclat joyeux,
Où du plaisir l'étincelle propice
Se réfléchit et brille dans les yeux;
Le gai Champagne est la gerbe enivrante
Qui doit combler les plaisirs du banquet,
Et l'assemblée enfin ne sort contente
Qu'après avoir vu partir le bouquet.

Allons, ma bonne petite Babet, donne moi la clef.

BABET.

Donne moi !.....

SANS-GÊNE, *voyant son trousseau de clefs.*

Un trousseau de clefs? je parie qu'elle est là. (*Il décroche le trousseau de clefs*).

BABET.

Non, monsieur..... Ah mon Dieu ! il est homme à bouleverser toutes les armoires de la maison...... Monsieur, rendez-moi mon trousseau.

SANS-GÊNE.

Volontiers, mais à condition que j'aurai la clef du petit caveau.

BABET, *la détachant.*

J'enrage !.... (*la lui donnant*). T'nez monsieur, la voici; mais, je vous en prie, de la discrétion.

SANS-GÊNE.

C'est mon fort.

LATREILLE.

Ah ! oui, monsieur, je vous en prions itou pour not'compte; c'est que, voyez-vous, not' maître pourrait croire que c'est moi... Parce qu'il sait bien qu'il n'faut pas m'prier beaucoup pour..... (*Geste de boire*).

SANS-GÊNE.

Sois tranquille et marche devant moi.

LATREILLE.

J'm'en vas chercher le rat de cave.

BABET, *à part.*

Voilà le loup dans la bergerie.

SANS-GÊNE, *à Latreille qui sort.*

AIR *du vaudeville du Méléagre.*

Va donc bien vite, et reviens, mon brave ;
Au bon endroit, viens conduire ma main.
Son teint me dit qu'ici de la cave
Mieux que personne il connait le chemin.

BABET.

Souffrez, monsieur, que je vous accompagne,
Pour vous montrer...

SANS-GÊNE.

Du tout, l'on s'y connaît.

BABET.

C'en est donc fait ! adieu, pauvre Champagne,
Tu vas partir comme mon sansonnet.

BABET, LATREILLE, *avec son rat de cave.*

ENSEMBLE.

Adieu, Mâcon, Nuits, Pomard et Grave;
Adieu, Bordeaux, Malaga, Chambertin;
Adieu, Champagne et toute la cave,
Dès qu'il en va connaître le chemin.

SANS-GÊNE.

Je tiens la clef, allons, viens mon brave, etc.

(Sans-Gêne et Latreille sortent).

SCENE IV.

BABET *seule.*

Quel homme ! quel homme ! Ah ça, mais quand j'y pense, il n'a cessé pendant tout le dîner de dévorer des yeux mademoiselle Henriette; est-ce qu'il aurait le dessein d'aller sur les brisées de M. Eugêne? Attention, Babet, vous représentez ici M. Dumont, et sa confiance vous fait un devoir de surveiller jusqu'aux moindres démarches de ce nouveau venu; et puis ces pauvres enfans, ça leur ferait tant de chagrin ! je me mets à leur place, j'ai aimé, j'ai été aimée, et si mon pauvre défunt s'était aperçu, quand il me faisait la cour, ah ! Dieu !...

AIR : *Ça m'est égal* (de M. Jadin.)

Comme il m'aimait ! *(bis.)*
On n'est jaloux que lorsqu'on aime.

Comme il m'aimait ! (*bis.*)
Lorsqu'un galant me cajolait,
Contre moi, dans sa rage extrême,
Il criait, jurait, par fois même....
(*Faisant le geste de battre.*)
Comme il m'aimait ! (4 *fois.*)

Comme il m'aimait ! (*bis.*)
Jamais on n'aima de la sorte,
Comme il m'aimait ! (*bis.*)
S'il eût pu croire qu'en secret
Je trompasse une ardeur si forte,
Il eût mieux aimé me voir morte......
Comme il m'aimait ! (4 *fois.*)

SCENE V.

EUGÊNE, BABET.

EUGÊNE.

Eh bien ! mademoiselle Babet, monsieur Dumont est-il revenu ?

BABET.

Donnez-vous donc patience, il n'y a que huit jours qu'il est parti, et vous savez que le but de son voyage au Hâvre était de prendre des informations sur votre compte, et de connaître votre famille, avant de vous nommer son gendre ?

EUGÊNE.

Il avait promis de revenir aujourd'hui.

BABET.

Ecoutez-donc, il s'agit du bonheur de sa fille unique, et dans ces cas-là, il est permis d'agir sans précipitation.... d'ailleurs la journée n'est pas passée.

EUGÊNE.

S'il savait que je compte tous les instans....

BABET.

Oh ! j'entends bien..... L'imagination des jeunes gens, ça trotte, ça trotte, ça trotte.

EUGÊNE.

Je suis sur les épines; où est donc Henriette ?

BABET.

Elle est là. Ah ça ! mais vous êtes sur les épines... est-ce que vous craindriez que les informations ne fussent pas?...

EUGÊNE.

Au contraire, mademoiselle Babet; car à l'exception de quelques coups d'épée par-ci, par-là....

BABET.

Des coups d'épée ! Oh ciel !

EUGÊNE.

Que quelques impertinens m'ont forcé de leur donner, je ne crois avoir rien fait..... Ah ! par exemple:....

AIR *du Traité Nul.*

Il est possible qu'on lui dise
Qu'un jour pressé par les sergens,
Et me trouvant dans une crise
Assez commune aux jeunes gens,
Par l'espoir, trop souvent funeste,
De tripler ce qui me restait,
J'allai... (*faisant le geste de battre les cartes.*) vous devinez le reste,
Mais voilà (*bis*) tout ce que j'ai fait.

BABET.

Ah ! vous jouiez?

EUGENE.

Deuxième couplet.

On pourra bien encor lui dire
Que, par l'exemple un jour séduit,
Au sein d'un bachique délire,
A table je passai la nuit,
Et que, plein d'un nectar céleste,
Lorsque je quittai le banquet,
J'étais.... (*il chancelle.*) Vous devinez le reste.
Mais voilà (*bis*) tout ce que j'ai fait.

BABET.

Ah ! vous buviez ?.....

EUGÊNE.

Troisième couplet.

Enfin on lui dira peut-être
Que de mon cœur et de mes sens,
Près des belles n'étant plus maître,
Je leur prodiguai mon encens,
Et que d'une beauté modeste,
Quand la conquête me tentait,
J'osais... (*feignant de vouloir embrasser Babet.*) Vous devinez le reste,
Mais voilà (*bis*) tout ce que j'ai fait.

BABET.

Et vous osez m'avouer tout cela ?

EUGÊNE.

J'étais si jeune alors ! Je vous parle de l'année dernière. Mais à présent je suis d'une sagesse.....

BABET.

Oui, mais avec toute cette sagesse-là, j'ai bien peur que ademoiselle Henriette ne vous échappe.

EUGÊNE.

Pourquoi donc cela ?

BABET.

Parce que je crois vous avoir découvert un rival redoutable.

EUGÊNE.

Un rival ? Je voudrais bien voir.....

BABET.

Eh bien ! vous allez avoir ce plaisir-là.

EUGÊNE.

Il est donc ici?

BABET.

Ici même.

EUGÊNE.

Et quel est ce rival redoutable ?

BABET.

Un ami intime de M. Dumont.

EUGÊNE.

Intime?

BABET.

Si intime, que depuis deux heures qu'il est arrivé, il dispose de tout dans la maison en maître absolu.

EUGÊNE.

Vous m'effrayez; dites-moi un peu quel âge a-t-il?.....

BABET.

Mais c'est un homme de 50 à 60 ans.

EUGÊNE, *riant.*

Soixante ans! voilà qui me tranquillise.

BABET.

Ne vous y fiez pas.

AIR : *A 60 ans on ne doit pas remettre* (du Dîner de Madelon.)

A soixante ans vieillard qu'amour enflamme,
Est plus épris que bien des jeunes gens;
Plus l'âge fuit, plus il sent dans son âme
L'ardent besoin de jouir des instans.

EUGÊNE.

Un tel amour n'a rien qui m'épouvante,
J'en puis braver l'ardeur et les progrès :
C'est la clarté d'une lampe expirante,
Qui se ranime et s'éteint pour jamais.

SANS-GÊNE *fredonnant dans la coulisse.*

Lorsque le Champagne
Fait en s'échappant
Pan, pan,
Ce doux bruit me gagne
L'âme et le tympan.

BABET.

Eh! tenez, le voilà.

SCÈNE VI.

LES PRÉCÉDENS, SANS-GÊNE, LATREILLE, *portant un panier de Champagne.*

BABET.

C'est vous enfin, monsieur? vous avez été bien long-temps à la cave.

SANS-GÊNE.

Ma foi, pas trop, pour le voyage que je viens d'y faire.

EUGÊNE, *regardant Sans-Gêne.*

Sans amour-propre, je vaux mieux que cela.

SANS-GÊNE, *à Babet.*

Sais-tu qu'en dix minutes, j'ai diablement vu de pays?

BABET, *à part.*

Sais-tu? sais-tu? Quel ton!

SANS-GENE.

AIR : *Suzon sortait de son village.*

Je te quittais, lorsque mon guide,
Précipitant soudain mes pas,
Par une descente rapide
Me mène droit aux Pays-Bas.
Là, je m'avance
En diligence,
Vers Mâcon, Nuits,
Volnais, Beaune, Chablis.
Puis j'en débouche,
Et crac, je touche
A Frontignan,
Bordeaux et Perpignan;
Bientôt je me trouve en Espagne,
Entre Alicante et Malaga;
Je double Madère, et de-là
Je remonte en Champagne.

LATREILLE.

N'est-i pas vrai, monsieur, qu'on voyage pus vîte et pus gaiement comme ça, que par les grosses messageries?

SANS-GENE.

Porte vîte ce panier à ces messieurs, qui doivent perdre patience.

LATREILLE.

J'y vas. (*Otant mystérieusement du panier une bouteille qu'il met dans sa poche*). V'là l' pour boire du postillon.

SANS-GENE.

Ah ! dis-moi donc.

LATREILLE.

Quoiqu' c'est, monsieur ?

SANS-GENE.

Prends une bouteille pour ta peine.

LATREILLE.

Ah ! monsieur, je n'oserais pas.

SANS-GENE.

Encore une fois, prends, te dis-je.

LATREILLE.

Encore une fois? (*prenant une seconde bouteille*) c'est pour vous obéir.

BABET, *à part*.

Allons, il a juré de mettre la maison au pillage.

LATREILLE, *sortant*.

C'est un bon enfant, pourtant ; il gagne à être connu et on gagne à le connaître. (*Il sort.*)

SANS-GENE, *à Babet*.

Et toi, Babet, va-t-en faire le café.

BABET.

Monsieur n'est pas dans l'usage d'en prendre.

SANS-GENE.

Vous allez voir que, parce que monsieur n'en prend pas, il ne faut pas que j'en prenne. Fais-en venir du café voisin.

BABET.

Il a réponse à tout.

SANS-GENE.

Surtout du Moka, j'y tiens.

BABET.

Cela suffit. (*A part.*) Je te le servirai si chaud, qu'il t'emportera la bouche. (*Elle sort.*)

SCENE VII.

SANS-GENE, EUGENE.

SANS-GENE, *à Eugène.*

Ah ça ! jeune homme, qu'y a-t-il pour votre service ?

EUGENE.

Rien, monsieur, je venais voir si monsieur Dumont était de retour ; je suis l'ami de la maison.

SANS-GENE.

Oui-dà ! he bien ! les amis de nos amis sont nos amis. Touchez-là ; mais pourquoi n'être pas venu plutôt ? vous auriez dîné avec nous ?

EUGENE, *avec intention.*

Ah ! monsieur, en l'absence de M. Dumont, je n'aurais pas été assez indiscret....

SANS-GENE.

Indiscret ! qu'est ce que cela signifie, monsieur ?

AIR : *Contentons-nous d'une simple bouteille.*

Il est des gens de vertu sans pareille,
Qui chez autrui, de peur d'être indiscrets,
Mourraient de soif devant une bouteille,
Mourraient de faim devant d'excellens mets.
C'est en honneur, mon cher, sottise pure ;
Moi, je fais mieux, car, n'importe où je suis,
Je ne connais que la loi de nature,
Et dès qu'elle a commandé, j'obéis.

EUGENE.

Votre âge vous donne des privilèges que l'on n'a pas au mien.

SANS-GENE.

Il n'est pas question d'âge ni de privilège, et si vous êtes lié avec Dumont, comme vous le dites, je ne vois pas....

EUGENE.

Je le suis au point, qu'il est à la veille de me nommer son gendre.

SANS-GENE.

Son gendre, vous? Mon cher, vous arrivez un peu tard.

EUGENE.

Comment, un peu tard?

SANS-GENE.

Oui, j'ai vu l'aimable Henriette; elle me plaît, et je l'épouse.

EUGENE.

Oh! vous l'épousez? Diable, vous allez vîte en affaire.

SANS-GENE.

Ah! très-vîte; la vie est si courte!

EUGENE.

Mais permettez-moi de vous dire que voilà deux ans que j'aspire à la main de mademoiselle Henriette.

SANS-GENE.

Je vous ferai observer aussi qu'il y a trente ans....

EUGENE.

Que vous la courtisez?

SANS-GENE.

Non, monsieur le mauvais plaisant; mais que je suis lié avec le père, que je n'ai pas vu depuis ce temps-là, à la vérité, ce qui ne me donne pas moins trente années de priorité sur vous.

EUGENE.

Trente années ! Ah ! vous m'en direz tant.

AIR : *Pour obtenir celle qu'il aime.* (Du Calife de Bagdad.)

Je sais qu'une amitié qui date
Donne plus d'un droit mérité ;
Mais ces droits-là n'ont rien qui flatte
Le cœur d'une jeune beauté.
Ainsi, croyez-moi, de votre âge
N'exaltez pas tant l'avantage ;
Si l'âge fait les bons amis,
Il ne fait pas les bons maris.

SANS-GENE.

D'ailleurs, le mariage est-il fait pour un aspirant de marine ? car vous l'êtes, si j'en crois votre uniforme.

EUGENE.

Oui, monsieur, mais je vous prie de me dire ce que ces deux états ont de si incompatible.

AIR : *Vaudeville du Petit-Courier.*

Pour un marin de vingt-cinq ans
Le mariage est un navire
Que toujours guide un doux zéphire,
Qu'éclaire toujours un beau temps.
A ses côtés le désir vole,
L'amour manœuvre sur son bord ;
La confiance est sa boussole
Et le plaisir le mène au port.

SANS-GÈNE.

C'est charmant, c'est charmant ; mais, quoi que vous en disiez, Henriette sera ma femme ; je suis le camarade de collège de son père, et ce serait, ma foi, bien le diable, si....

EUGENE.

AIR : *Duo de la Fausse-Magie.*

Quoi ! vous persistez encore ?

SANS-GENE.

Oui, je persiste encore.

EUGENE.

Vous ?

SANS-GENE.

Moi.

EUGENE.

Vous ?

SANS-GENE.

Moi, car je l'adore.

EUGENE.

En vérité, je déplore
Le sort qui vous attend.

SANS-GENE.

Ne le déplorez pas tant,
Vous serez déçu, j'espère,
Par le retour de son père.

EUGENE.

Moi, je n'espère, au contraire,
Qu'en son père.

SANS-GENE.

Quoi ! tout de bon, vous vous vantez ?

EUGENE.

Quoi ! tout de bon, vous vous flattez ?

SANS-GENE.

Je me flatte de lui plaire.

EUGENE.

C'est bien moi qu'elle préfère.

SANS-GENE.

Quoi ! c'est vous qu'elle préfère ?
Vous plaisantez !
Comme ami de la famille,
Sa maison, son or, sa fille,
Sont à moi, si je le veux.

EUGENE.

Quel dommage !
Que votre âge
Soit un obstacle à vos nœuds.

(*Henriette survient et se cache.*)

SANS-GENE.

Sachez, mon cher, que Sans-Gêne
Eut hier sa cinquantaine
Et pas quatre jours avec.

EUGENE.

Vous, monsieur, sachez qu'Eugène
N'a pas encor sa vingtaine.

SANS-GENE, *à part.*

Dois-je craindre un tel blanc-bec ?

ENSEMBLE.

Comme il enrage !

SANS-GENE

Malgré vos droits et votre âge,
Pour vous je crains un échec.

EUGENE.

Autant vaut, en mariage,
Lui donner Melchisédec.

(*Sans-gêne sort en se moquant d'Eugène, qui se moque aussi de lui.*)

SCENE VIII.

HENRIETTE, EUGENE.

HENRIETTE.

Eh bien ! monsieur Eugène, que dites-vous de notre voyageur ?

EUGENE.

Ah ! j'ai l'honneur de saluer madame Sans-Gêne.

HENRIETTE, *étonnée.*

Comment, madame Sans-Gêne !

EUGENE.

Et je la félicite sur son prochain mariage.

HENRIETTE.

Mon prochain mariage !

EUGENE.

Sans doute, puisqu'il n'attend plus que l'arrivée de monsieur votre père.

HENRIETTE.

Qui ?

EUGENE.

Monsieur Sans-Gêne.

HENRIETTE.

Pourquoi ?

EUGENE.

Pour vous épouser.

HENRIETTE.

Qui vous a dit cela ?

EUGENE.

Lui-même. Vous êtes sa femme.

HENRIETTE.

Sa femme !

EUGENE.

Tout est convenu.

HENRIETTE.

Avec qui?

EUGENE.

Avec personne. Mais il n'a qu'à parler, et c'est une chose faite.

HENRIETTE.

Comment, il aurait vraiment l'intention ?....

EUGENE.

De s'emparer de vous comme d'un effet à lui appartenant, et qu'il vient réclamer.

HENRIETTE.

Ah ! doucement, s'il vous plaît.

AIR *nouveau*.

Disposez, monsieur Sans-Gêne,
Du logis du haut en bas;
Mais ne vous flattez-pas
Que jamais je vous appartienne.

Henriette est pour Eugêne,
Et nous allons sous vos yeux
De cette heureuse chaîne
Former les nœuds.

ENSEMBLE.

Or, désormais,
Calmez le feu qui vous tourmente:
Nos cœurs jamais
L'un pour l'autre ne seront faits;
Non, non, jamais.

EUGENE.

Quelle grâce touchante,
Et combien cet aveu m'enchante!
On ne verra jamais
Tant de candeur et tant d'attraits!
Non, non, jamais.

EUGENE.

Avec quelle impatience
J'attends hélas! le retour
Qui doit, de notre amour,
Nous assurer la récompense.
Mais si, par la médisance,
Notre hymen était rompu,
Trompant mon espérance,

ENSEMBLE.

Changerais-tu?
Réponds? mais je me tais,
Un pareil doute est une offense.
Eh! quoi, tu trahirais
Les premiers sermens que tu fais;
Non, non jamais.

HENRIETTE.

Non, rien jamais
Ne refroidira ma constauce.
Quoi! moi, je trahirais
Les premiers sermens que je fais!
Non, non, jamais.

HENRIETTE.

Quoi! vraiment! vous croyez qu'il m'aime?

EUGENE.

Il me l'a déclaré très-positivement.

HENRIETTE.

A son âge!

EUGENE.

Cela ne doit pas vous étonner.

AIR : *Sur le penchant.*

De la beauté, puissance enchanteresse !
Il n'est point d'âge à l'abri de ses traits ;
Son seul aspect enflamme la jeunesse,
De la vieillesse il déride les traits ;
Soumis par toi, quand je te rends les armes,
Un vieux garçon te les rend à son tour :
Et nous devons, tous les deux, à tes charmes,
Moi, mon premier, lui, son dernier amour.

HENRIETTE.

Pourtant, si les informations que mon père est allé prendre n'étaient pas en votre faveur.

EUGENE.

Pouvez-vous le supposer ?

HENRIETTE.

Je m'en rapporte à vous ; moi, je ne sais pas ce que vous faisiez au Hâvre.

EUGENE.

Mes études de marine.

HENRIETTE.

Que cela ?

EUGENE.

Vous croyez que ce n'est rien ?

AIR : *Eh ! vogue, vogue.* (Du Vaisseau amiral.)

J'apprenais l'art de voyager
Sur les vastes plaines de l'onde ;
J'apprenais à m'y diriger
Contre la lame et le danger.
Sans bouger, parcourant le monde,
J'ai visité tous les climats,
Et ceux où le tonnerre gronde,
Et ceux que glacent les frimats :
J'ai déjà de l'île de France,
Et du cap de Bonne-Espérance

Reconnu le paisible bord.

SANS-GENE *dans la coulisse.*

Amis, un dernier verre encor. (*bis.*)

HENRIETTE, *à Eugène.*

On vient, fuyez....

EUGENE.

Oui, mais j'espère,
Par l'hymen conduit vers Cythère,
Y toucher bientôt à bon port,
Avec gentille pélerine ;
Et vive, vive (*ter*) la marine !

SCENE IX.

HENRIETTE *seule, le regardant sortir.*

Vive la marine ! C'est fort bien, monsieur Eugène ; mais peut-être espérez-vous naviguer seul, suivant l'usage de vos confrères. C'est ce qui vous trompe, on ne s'unit pas pour être séparé le lendemain ; votre femme sera de tous vos voyages, et le ménage n'en n'ira que mieux.

RONDEAU NOUVEAU *de M. Doche.*

Au sein des mers et loin du monde
Nous braverons danger, ennui,
Puisqu'il n'existera sur l'onde
Que lui pour moi, que moi pour lui.

Ses yeux sur la plaine liquide
Ne pourront voir d'autres appas,
Et si l'élément est perfide
Mon mari ne le sera pas.

Au sein des mers, etc.

Il sera, par ma tendre flamme,
Dédommagé des noirs autans
Et de l'inconstance des vents,
Par la constance de sa femme ;
Oh ! oui, tout me l'assure : oh ! oui.

Au sein des mers, etc.

J'entends mon aimable futur. Evitons le tête-à-tête...... il serait trop dangereux pour moi. (*Elle sort en riant.*)

SCENE X.

SANS-GENE, CONVIVES.

SANS-GENE.

AIR : *Mon système est d'aimer le bon vin.*

Ce n'est qu'à minuit que pour Evreux
Repartira le vélocifère;
Revenez souper, amis, je veux,
Verre en main, vous faire mes adieux.

UN CONVIVE.

C'est abuser de votre obligeance.

SANS-GENE.

Messieurs, je n'aime pas un refus.

UN CONVIVE.

Nous craignons de vous mettre en dépense.

SANS-GENE.

Non, il ne m'en coûtera pas plus.

CHŒUR.

Ce n'est qu'à minuit que pour Evreux
Repartira le vélocifère;
{ Revenez souper ici,
{ Nous viendrons souper ici, je veux
Verre en main vous faire mes adieux.

(*Les convives sortent.*)

SCENE XI.

SANS-GENE *seul.*

Ces braves gens me croient le maître du logis ! ma foi, j'ai disposé de la maison de mon vieux camarade, comme je voudrais qu'il disposât de la mienne.

RONDEAU.

AIR : d'*Avis au public.* (de M. Alexandre Piccini.)

Je veux qu'on soit chez moi
Libre comme chez soi ;
Chez mes amis, je veux l'être de même.
Pourquoi donc se gêner?
Chez eux, tailler, rogner,
N'est-ce donc pas leur prouver qu'on les aime ?
Fi de cette contrainte extrême
Qui sottement semble vous enchaîner:
Liberté, c'est le bien suprême !....
On en dira
Ce qu'on voudra;
Aller, venir,
Entrer, sortir,
Pouvoir enfin parler, agir selon son goût,
Voilà le seul moyen de se plaire partout.
Vous aimez la pêche et la chasse ?
Allez, messieurs, grand bien vous fasse ;
Un boston est votre désir?
Mesdames, beaucoup de plaisir.
Moi, que fatigue l'exercice,
Et qu'un boston met au supplice,
Je m'en vais, pendant ce temps-là,
Lire sur ces gazettes, là,
Ce qu'on dit, ce qu'on fait, comment la rente va.
Hâtez le service.
Si vous avez faim,
Allez au jardin,
Allez à l'office;
Qu'à son aise, enfin,
Tout le monde agisse.

Je veux qu'on soit chez moi, etc.

Sans façon, j'emprunte où je puis,
Sans façon, je dîne où j'arrive,
Sans façon, je couche où je suis,
Sans façon, après je m'esquive;
Bref, qu'on se plaigne ou non,
Je fais tout sans façon,
Sans façon, sans façon, sans façon, sans façon.

Je veux qu'on soit chez moi, etc.

(*Il s'assied au secrétaire.*)

SCENE XII.

SANS-GENE, DUMONT.

DUMONT, *sans voir Sans-Gêne.*

Me voici donc chez moi, et très-satisfait des informations que j'ai prises sur Eugène. Courons vîte annoncer cette bonne nouvelle à ma fille; personne ne sait encore que je suis arrivé, et je vais la surprendre agréablement. (*Il aperçoit Sans-Gêne.*) Quel est donc ce monsieur qui est dans ma robe-de-chambre? Oserais-je vous prier de me dire?.....

SANS-GENE.

Qu'est-ce qu'il y a pour votre service?

DUMONT.

Je désirerais savoir à qui j'ai l'honneur de parler?

SANS-GENE.

Moi-même, sans indiscrétion, pourrais-je vous demander qui vous êtes?

SCENE XIII.

LES PRÉCÉDENS, LATREILLE.

LATREILLE.

Qu'est-ce donc qu'on vient de me dire?... Eh! oui, vraiment! Quoi, not' maître, c'est vous que v'là? par où donc qu'vous êtes entré?

SANS-GENE *étonné, à Dumont.*

Heim! il serait possible que vous fussiez?... que tu fusses?...

LATREILLE.

Hé! pardi, M. Dumont, not' maître.

SANS-GENE.

Dumont! Hé, morbleu! embrassons-nous donc, mon vieil ami, je suis Sans-Gêne.

DUMONT, *à part.*

Je m'en aperçois bien.

SANS-GENE.

Ton camarade d'enfance, de collège, qui ne t'a pas oublié, comme tu vois, et qui vient... Mais avant de parler de cela, dis-moi, as-tu dîné?

DUMONT.

Non.

SANS-GENE.

Non? tu vas manger un morceau.

DUMONT.

Oui, mais....

SANS-GENE.

Il n'y a pas de mais... Tu plaisantes, je crois; je ne souffrirai pas.... Latreille, fais servir à dîner à ton maître. (*A Dumont.*) Tu dois être harassé, affamé... Ces diables de voitures vous secouent tellement... Que veux-tu? parle, nous avons un reste de chevreuil excellent, des débris de volaille. (*A Latreille.*) Reste-t-il encore du pâté? Du vin, du vin surtout, (*à Dumont*) et je t'assure qu'il est bon.

DUMONT, *à part.*

J'en sais quelque chose... Il me fait trembler.

SANS-GENE, *à Latreille.*

Va donc servir le dîner de ton maître.

LATREILLE.

J'y cours; je ne r'chigne pas, pour celui-là, par exemple.

(*Il sort.*)

SCENE XVI.

SANS-GENE, DUMONT.

SANS-GENE.

Ce cher Dumont! quel plaisir j'ai à le revoir!

DUMONT, *froidement.*

Monsieur, c'est un plaisir que je partagerai bien sincèrement, lorsque je me rappellerai...

SANS-GENE.

Comment! tu ne te souviens pas du petit Zozo, ton camarade de Montaigu, avec qui tu as si souvent joué à la balle, aux billes ?....

DUMONT, *riant.*

Je me rappelle bien Montaigu, mais nous étions tant que Zozo...

SANS-GENE.

Qui se servait toujours de ton canif, de tes plumes et de tes dictionnaires, pour n'être pas obligé d'en porter sur lui; qui arrivait toujours en classe une demi-heure après les autres, et faisait déranger tout le monde pour arriver à sa place ?

DUMONT, *se le rappellant.*

Et qui mangeait mes confitures ?.....

SANS-GENE.

Précisément.....

DUMONT.

Comment ! c'est vous ?

SANS-GENE.

T'y voilà. J'étais aussi bien étonné que tu eusses oublié..., car, moi, je me rappelle le nom et même les traits de tous mes camarades; aussi n'en ai-je pas perdu un seul de vue : je déjeune chez l'un, je dîne chez l'autre; je soupe chez celui-ci, je couche chez celui-là, soit à la ville, soit à la campagne; et voilà comme je passe ma vie. C'est ton tour aujourd'hui, et je suis venu m'installer chez toi, comme tu vois; tiens, voici ta robe-de-chambre.

DUMONT, *ouvrant sa tabatière.*

Monsieur, je suis charmé d'avoir quelque chose qui vous soit agréable.

SANS-GÊNE, *prenant du tabac le premier.*

Sais-tu que tu as une fille charmante ?

DUMONT.

Oui, c'est le portrait de sa mère.

SANS-GÊNE.

Je te la demande, je suis garçon, il faut me donner cela.

DUMONT, *à part.*

Mais cet homme-là est fou ?

SANS-GÊNE.

Hé bien! qu'en dis-tu?

DUMONT.

Je dis d'abord que votre demande est un peu brusque, et ensuite que j'ai promis sa main.

SANS-GÊNE.

Il n'y a pas de promesse qui tienne quand il s'agit d'un camarade de collège; et cela se trouverait d'autant mieux, que je viens d'acheter une jolie petite propriété à six lieues d'ici; nous irions, nous viendrions, l'un *(se montrant)* serait toujours chez l'autre.

SCÈNE XVII.

LES PRÉCÉDENS, BABET.

BABET.

Si monsieur veut dîner?

DUMONT.

Merci, Babet, j'ai mangé à la dernière poste, je ne prendrai qu'un verre de Bordeaux.

BABET.

Mais, monsieur, si vous vous mettiez à votre aise, monsieur vous fera bien le plaisir de vous prêter pour un moment votre robe de chambre.

SANS-GÊNE, *faisant mine de l'ôter.*

Sans doute, que ne parlais-tu? Ne te gêne pas.

DUMONT.

Non, gardez-la, je n'en ai pas besoin.

SANS-GÊNE.

Comme tu voudras...... Ah! ça; mais je ne me tiens pas pour battu, relativement à ta fille, et j'ai si bonne opinion de ton cœur, que je cours chez le notaire.

DUMONT.

Gardez-vous-en bien.

SANS-GENE.

Je fais dresser le contrat, je l'apporte, et je suis ton gendre.

DUMONT.

Non pas, non pas.

SANS-GENE.

Laisse-moi donc faire; je te connais mieux que toi, et nous chanterons ensemble.

AIR : *Vaudeville de la Belle au bois dormant.*

Vive du collège
L'heureux privilège!
Par lui réunis,
Tous les mortels lui sont soumis;
D'où datent les meilleurs amis,
C'est du collège.
Te souviens-tu de nos leçons?
Te souviens-tu de nos *pinsums*?
Et de ces férules aimables
Que nous donnait le correcteur?
Deux mains qu'unirent le malheur
Doivent être inséparables.
Vive du collège, etc.

DUMONT.

Peste du collège,
Ah! que deviendrais-je,
S'il fallait gratis,
Traiter tous les gens que je vis,
En mil sept cent quatre-vingt-six,
Dans mon collège.

SANS-GENE.

Allons, allons, va dîner; fais comme chez toi.

DUMONT.

Vous permettez?.....

SANS-GENE.

Je t'en prie.

DUMONT.

J'obéis. (*Il sort en riant.*)

SCENE XVIII.

SANS-GÊNE *seul.*

Il est un peu étourdi du coup ; mais voilà comme je mène les affaires, moi. Ne lui laissons pas le temps de respirer, et courons chez le notaire.... Voyons, mon habit.... Que diable en auront-ils fait ? (*Il appelle.*) Latreille ! Babet ! Ah ! j'oublie qu'ils servent leur maître. (*Voyant une armoire.*) Il est peut-être là-dedans ? .... (*Il tire un habit de l'armoire.*) Mais non, ce n'est pas le mien...... N'importe, il m'ira peut-être. (*Il passe l'habit.*)

SCENE XIX.

SANS-GÊNE, LATREILLE, *ivre.*

LATREILLE.

Monsieur, vous m'avez appelé, je crois.

SANS-GÊNE.

Je n'ai plus besoin de toi... Mais, mon Dieu ! dans quel état te voilà !

LATREILLE.

C'est que je viens de boire, en réjouissance du retour de not' maître, la fine bouteille dont vous avez eu l'honneur de me faire cadeau ce matin. (*A part.*) Accompagnée de plusieurs autres. (*Haut.*) Mais, dites-donc, monsieur ? vous vous trompez d'habit, ce n'est pas le vôtre.

SANS-GÊNE.

Qu'est-ce que cela fait ?

LATREILLE.

C'est l'habit neuf de monsieur.

SANS-GÊNE.

Qu'importe ? je ne sais pas où diable est le mien.

LATREILLE.

Je vais vous le chercher ; le temps est à la pluie, et il serait perdu.

SANS-GÊNE.

Non, non, je n'ai pas le temps.

(Il sort emportant les gants et le chapeau de Dumont.)

SCENE XX.

LATREILLE, *le regardant aller.*

Comment les gants et le chapeau aussi? Hé bien! c'est tout commode.

AIR : *Que d'établissemens nouveaux.*

Voilà pourtant comme partout
Nous voyons de ces bons apôtres,
Qui ne se gênent pas du tout
Pour c'qu'est de dépouiller les autres :
Mais rar'ment ça leux réussit,
Et bientôt l' monde qui les raille
Voit de leur dos tomber l'habit,
Qui n'était pas fait à leur taille.

SCENE XXI.

LATREILLE, DUMONT, HENRIETTE, BABET.

DUMONT, *sa serviette à sa boutonnière.*

Je n'en reviens pas! comment, plus de Bordeaux?

BABET.

Non, monsieur, vous savez ben qu'il ne vous en restait que dix bouteilles de la comète.

DUMONT.

Sans doute.

LATREILLE.

Hé ben! not' maître, vous n'en trouveriez pas seulement la queue d'une.

BABET.

Et vot' Champagne donc, il y a fait une jolie brêche, allez.

DUMONT.

Mais c'est donc le diable que cet homme-là? Vingt bouteilles de mon meilleur vin!

LATREILLE.

Sans compter l' reste. Figurez-vous qu'il a abreuvé les voyageurs, le conducteur, les postillons, et je n' voudrais pas même jurer qu'il n'en ait pas fait r'nifler queuqu' bouteilles aux chevaux.

DUMONT, *remarquant les faux pas de Latreille.*

Mais il me semble que tu t'es un peu laissé gagner par l'exemple.

LATREILLE.

Dam! not' maître.

AIR : *Vaud. de Partie carrée.*

Voyant le train dont ces messieurs f'saient fête
A tous vos vins qui paraissiont d' leux goût,
J'ai cru du d'voir d'un domestique honnête,
 D'empêcher qu'ils n'avaliont tout.
Et, découvrant dans le fond d'une armoire,
Plus d'un flacon qu' leux soif aurait enl'vé,
Je m' sommes dit: « dépêchons-nous d' les boire,
 C'est toujours ça d' sauvé. »

DUMONT.

Je te remercie de la précaution. Mais vous, Babet, qui êtes raisonnable, dites-moi, comment l'avez-vous laissé faire?

BABET.

Dam, monsieur, il disait qu'il était un aut' vous-même, que tout ce qu'il avait était à vous, comme tout ce que vous aviez était à lui.

HENRIETTE.

Ah! mon Dieu! oui, mon père, jusqu'à votre fille, dont il veut être le mari malgré elle, malgré vou les clefs de toutes les armoires, faites partout exacte sentinelle : avec un pareil ami, ma maison serait bientôt bouleversée.

BABET.

Elle l'est déjà.

AIR : *Du Pas redoublé.*

Il tranche, ordonne, mange et boit
Comme un autre vous-même,
Disant pour s'excuser qu' tout doit
S' partager quand on s'aime.

LATREILLE, *bas à Dumont.*

Ainsi, pis qu' vous ét' son ami,
Et qu'il pense d' la sorte,
C'est ben heureux pour vous, jarni,
Que vot' femme soit morte.

(*Babet et Latreille sortent.*)

SCENE XXII.

DUMONT, HENRIETTE.

DUMONT.

Ainsi, mon enfant, je te le répète, quoi qu'en dise cet original, tu n'auras pas d'autre mari que ton Eugêne, dont tout le monde m'a fait au Hâvre le plus grand éloge.

HENRIETTE.

Oh ! j'en étais bien sûre, mon père.

DUMONT.

Ah ! bien sûre...... tu n'osais pourtant pas trop me questionner tout-à-l'heure.

HENRIETTE.

C'est qu'il y a tant de jaloux, tant de méchantes langues !

DUMONT.

Allons, je vois que tu aimes encore ton Eugêne autant que quand je suis parti.

HENRIETTE.

Ah ! mon père, ce ne serait pas à vous à me le reprocher.

[illegible] vous rappeler les circonstances

AIR : *Non je ne veux aimer que toi.* (de M. Pertosa.)

Le premier jour qu'il vint chez nous
Sa gaité vous parut aimable,
Son maintien noble, son air doux
Et son esprit fort agréable;
Ses talens surent vous charmer,
Son ton modeste sut vous plaire :
Pouvais-je donc ne pas l'aimer ... ?
Il était aimé de mon père.

Bientôt après, vint un moment
Où ses yeux me dirent : je t'aime;
Et moi, je ne sais trop comment
Mes yeux le lui dirent de même.
Les vôtres, de ces feux naissans,
Virent les progrès sans colère :
Devais-je donc, à dix-sept ans,
M'en alarmer plus que mon père ?

Jaloux de faire mon bonheur
Et satisfait du cœur d'Eugéne,
Vous daignez couronner l'ardeur
Qui l'un vers l'autre nous entraine;
A vos vœux je me soumettrai,
Et puisqu'Eugéne a su vous plaire,
Dès demain je l'épouserai
Pour faire plaisir à mon père.

DUMONT.

Voilà une résignation dont je te sais bien bon gré.

SCENE XXIII.

LES PRÉCÉDENS, EUGENE.

EUGENE.

Ah! monsieur, je viens d'apprendre votre retour, et j'accours vous embrasser.

DUMONT.

Et moi, mon ami, je te félicite sur tout le bien qu'on m'a dit de toi, on n'est pas plus laborieux, plus rangé !....

EUGÊNE.

Vous me comblez de joie. Mais, de grâce, dissipez mes

craintes : quel est ce monsieur que j'ai trouvé ce matin chez vous, qui se dit votre ami, et qui prétend avoir des droits à la main d'Henriette ?

DUMONT.

Qui ? M. Sans-Gêne ? oh ! il n'a qu'à se présenter, il sera bien reçu.

SCENE XXIV.

LES PRÉCÉDENS, SANS-GENE.

SANS-GÊNE.

Tout va bien, mon ami ; je viens de chez le notaire, qui a mis sur-le-champ toute son étude à la besogne.

DUMONT.

De chez le notaire ! il l'a fait comme il l'avait dit.... Latreille, vîte mon cheval au cabriolet.

LATREILLE, *entrant par la porte latérale, et sortant par celle du fond.*

Oui, not' maître.

DUMONT, *apercevant son habit sur le dos de Sans-Gêne.*

Ah ça, mais je ne me trompe pas, c'est un de mes habits.

SANS-GÊNE.

Oui ; j'étais très-pressé tout-à-l'heure, et n'ayant pas le mien sous la main....

HENRIETTE.

C'est bien naturel.

DUMONT.

Allons, je vois que décidément ma maison, mon vin, ma table, et jusqu'à mes habits, tout appartient à monsieur.

SANS-GÊNE.

DUMONT, *à part.*

Fort heureusement.

SANS-GÊNE.

Car, tel que tu me vois, je donnerais tout ce que je possède pour avoir demain cinquante mille livres de rente, et pourquoi ? pour les partager avec toi.

DUMONT.

Eh! mon Dieu! je n'en veux pas tant; et tout ce que je désire, c'est que vous vouliez bien me laisser maître chez moi.

SANS-GÊNE.

Allons, tu as de l'humeur, tu es fatigué, je le suis aussi, à demain. (*A part.*) Ah! diable! et mes compagnons de voyage qui doivent revenir souper. Ma foi! je tombe de sommeil, qu'ils s'arrangent, bonsoir.

AIR : *Verse encore.*

A demain (4 *fois.*)
J'espère enfin
Te trouver plus traitable.
A demain (4 *fois.*)
Tu seras plus aimable
Le verre à la main.

EUGÊNE, *ironiquement.*

Vous renoncez-donc
A votre mariage?

SANS-GÊNE.

Qui? moi! vraiment non.

HENRIETTE, EUGÊNE, DUMONT.

Quelle obstination!
Il perd la raison.

SANS-GÊNE, *à Dumont.*

Touche-là.

DUMONT, *à part.*

SANS-GÊNE.

Jusqu'au déjeuné.

DUMONT, *à part.*

Tu seras consigné.
Oui ! demain (5 *fois.*)
Tu crois en vain
Me trouver plus traitable,
Car demain (4 *fois.*)
Tu vas d'une autre table
Prendre le chemin.

EUGÊNE ET HENRIETTE.

Ah ! demain (5 *fois.*)
Je / Tu peux braver enfin
Ce rival redoutable,
Et demain (4 *fois.*)
Le nœud le plus durable
M'assure ta / T'assure ma main.

(Sans-Gêne sort.)

SCÈNE XXV.

DUMONT, HENRIETTE, EUGENE, ENSUITE LATREILLE.

DUMONT.

Ah ! je respire ; enfin nous en voici débarrassés.

EUGÊNE.

Ainsi je peux espérer que demain....

DUMONT.

Tu seras mon gendre ; et pour te le prouver, nous allons monter en cabriolet et courir chez le notaire pour faire changer les termes du contrat que cet original a commandé.

EUGÊNE ET HENRIETTE.

AIR : *Vaud. des Innocens.*

Quoi ! demain nous serons époux !
Quelle journée
Fortunée !

Le bonheur nous paraît plus doux,
Quand nous l'avons cru loin de nous.

LATREILLE.

Vot' cabriolet
N'attend plus que vous pour s' mettre en route;
Et j' réponds qu'il est
Bien de saison par l' temps qu'il fait :
C'est un' rivière que not' cour.

DUMONT.

N'importe il faut, coûte qui coûte,
Que le doux prix de votre amour
Date du jour
De mon retour.

(Il se dispose à sortir, et il est retenu par le chœur suivant.)

SCÈNE XXVI.

LES PRÉCÉDENS, LES CONVIVES, *dans la coulisse.)*

Suite de l'air.

Allons tous boire, mes amis,
A l'hôte honnête
Qui nous traite;
Et puissions-nous, en tout pays,
Etre nourris
Au même prix!

DUMONT.

D'où vient ce bruit-là?
Qui peut si tard chez moi se rendre?
(Il va à la porte que les convives ouvrent.)
Voyons donc cela.

LES CONVIVES.

A l'heure dite, nous voilà.

DUMONT.

De la sorte chez moi frapper,
Et la nuit faire un tel esclandre,
Quel soin peut donc vous occuper?

LES CONVIVES.

Eh! parbleu! nous venons souper

DUMONT.

Souper!

CHŒUR.

Nous allons boire, mes amis, etc.

DUMONT.

Et qui vous a invités à souper ici?

UN CONVIVE.

Qui? Le maître de la maison, notre compagnon de voyage, M. Sans-Gêne.

HENRIETTE ET EUGÊNE, *riant.*

De mieux en mieux.

DUMONT.

Le maître de la maison! Sans-Gêne? Ah! il a parbleu bien fait de prendre la porte, car il ne serait sorti de chez moi que par les fenêtres.

LATREILLE.

Mais, not' maître, il est encore ici.

DUMONT.

Comment, ici!

LATREILLE.

Eh! oui, il est couché.

DUMONT.

Couché? où donc?

LATREILLE.

Dans vot' lit.

DUMONT.

Dans mon lit!

LATREILLE.

Oui, mamselle Babet a eu beau vouloir l'en empêcher, il a dit qu'on vous dresserait un lit de sangle.

DUMONT.

C'en est trop, je ne me possède plus : qu'on le jette à bas du lit, qu'on me l'amène, et l'on verra comme je vais le traiter!

(*Latreille sort.*)

CHŒUR DE VOYAGEURS.

AIR : *Ah ! quel scandale.*

Ah ! quel outrage abominable !
Nous exposer à cet affront !
Jamais, jamais accueil semblable
N'a fait encor rougir mon front.

SCENE XXVII.

LES PRÉCÉDENS, SANS-GENE, *reboutonnant son habit et ayant une coife de nuit.*

SANS-GÊNE.

Eh bien ! qu'est-ce qu'il y a donc encore ?

DUMONT, *dans la plus grande colère.*

Il y a que ma maison n'est pas une auberge, que je ne loge ni a pied ni à cheval, et que vous allez me faire le plaisir de décamper tous d'ici.

LES VOYAGEURS.

Décamper ! Quelle humiliation !

SANS-GENE.

Ah ! mon vieux camarade, est-ce bien toi qui me parles ainsi ?

DUMONT.

Oui, de par tous les diables, c'est moi.

SANS-GENE.

Et voilà les amis du jour !... C'est donc ton dernier mot ?

DUMONT, *outré.*

Oui, oui, oui.

SANS-GENE *suivant toujours Dumont, qui marche avec impatience.*

AIR : *Époux imprudens.*

Adieu, puisque je t'importune ;
Mais tu sentiras, mon ami,
Que jouir seul de sa fortune
C'est n'être riche qu'à demi :

Plus d'un camarade me reste
Qui, de l'amitié, suit la loi;
Et Pylade, chassé par toi,
Peut trouver encore un Oreste.

DUMONT.

C'est bon, c'est bon.

SANS-GENE.

Adieu ! (*Il sort.*)

DUMONT.

Au diable ! vous et les vôtres ! Vous m'entêntendez, messieurs. Bonsoir.

LES VOYAGEURS.

Reprise du Chœur précédent.

Ah ! quel outrage abominable !
Nous exposer à cet affront !
Jamais, jamais accueil semblable
N'a fait encor rougir mon front.

(*Ils sortent.*)

SCÈNE XXVIII.

DUMONT, HENRIETTE, EUGENE, LATREILLE.

DUMONT.

J'espère que cette fois il est bien hors de la maison, et qu'il n'y rentrera pas de sitôt.

HENRIETTE, *allant à la fenêtre.*

Moi, je ne le croirai parti, que quand je m'en serai assurée par mes yeux.... Ah ! mon Dieu ! mon père? monsieur Eugène?.. (*On entend une voiture rouler.*)

DUMONT.

Qu'est-ce qu'il y a donc?

HENRIETTE.

Il s'en va dans votre cabriolet.

EUGENE, *regardant à la fenêtre.*

DUMONT, *de même.*

Cela n'est pas possible... Ah ! le scélérat, il va mettre ma voiture en pièces, mon cheval en sera sur la litière pour quinze jours !

LATREILLE, *de même.*

C'est qu'il n'y a pas d' moyen de courir après, tout d' même.

DUMONT.

Mais où le mène-t-il ?

SCENE XXIX ET DERNIÈRE.

LES PRÉCÉDENS, BABET, *un papier à la main ; elle a entendu les derniers mots.*

BABET.

Voilà un billet qui vous l'apprendra peut-être.

DUMONT.

Un billet ! de qui ?

BABET.

De monsieur Sans-Gêne, qui l'a écrit au crayon en s'en allant.

DUMONT *lit.*

« Mon cher ami (car, malgré tes torts, tu le seras toujours), « il pleut à verse, et, comme je ne vais qu'à six lieues d'ici, « j'ai cru pouvoir profiter de ton cabriolet, que l'on avait « oublié de dételer ; je le laisserai à la seconde poste, où tu « pourras l'envoyer chercher demain ; il n'y aura que la nour- « riture du cheval à payer. SANS-GENE. »

Allons, il est décidément fou.

HENRIETTE.

Il finit comme il a commencé.

DUMONT.

Ainsi, mes enfans, remettons à demain notre visite au notaire, et que le ciel vous préserve, dans

VAUDEVILLE.

AIR : *Bonjour, mon ami Vincent.*

DUMONT.

Pour l'honnète homme indigent
Qui vient vous compter sa peine,
N'eût-on que très-peu d'argent,
Il est juste qu'on se gène ;
Mais, pour l'intrigant qui vient sans façon,
S'impatronisant dans votre maison,
Y vivre comme dans la sienne
Et tout culbuter du haut jusqu'en bas,
Ne vous gènez pas
Avec lui, morbleu! ne vous gênez pas.

BABET.

Quand je vois des jeunes gens
De l'hymen serrer la chaine,
D'un veuvage de trente ans
Je sens redoubler la peine,
Quand cesssera-t-il ? Dieux! vous le savez;
Mettez-y donc fin, car vous le pouvez;
Et vous, que le célibat gène,
Si, pour vous, ma main a quelques appas,
Ne vous gênez pas (*bis.*)
Pour vous présenter, ne vous gênez pas.

EUGENE.

Deux Gascons, dont la valeur
Ne semblait pas équivoque,
Avaient piqué leur honneur
Par un soufflet réciproque :
Vous êtes heureux, dit l'un, cadédis!
Que je sois pressé ; sans céla, sandis!....
Vous sauriez qué qui mé provoque....
— Vous êtes pressé, dit l'autre, en cé cas
Né vous gênez pas. (*bis.*)
Nous avons lé temps, né vous gênez pas

Le père d' l'enfant qu' tu tiens dans tes bras,
J'irais me j'ter dans la rivière.
G'nia qu' ça qui vous r'tient ? m' dit-elle tout bas,
Ne vous gênez pas, (*bis.*)
Mon très-cher mari, ne vous gènez pas.

HENRIETTE, *au public.*

Quand un désir curieux.....

SANS-GENE, *revenant en désordre et interrompant Henriette.*

(*A Dumont.*)
Mon ami, c'est encor moi,
Je viens de verser en route,
Et tu voudras bien, je croi,
M'héberger, coûte qui coûte.
(*A Babet.*)
Babet, mets à terre deux matelas,
Sommier, lit de plume, oreiller et draps.
(*A Henriette.*)
Mais, quand je suis entré, ma chère,
(*Montrant le public.*)
Avec ces messieurs, ne parliez-vous pas?
Ne vous gênez pas. (*bis.*)
(*Au public.*) (*à Henriette.*)
Excusez, messieurs, ne vous gênez pas.

HENRIETTE, *au public.*

Quand un désir curieux
Le soir chez nous vous amène,
Afin d'être plus nombreux
Il est bon que l'on se gène;
Mais, quand les efforts que nous avons faits,
Au gré de nos vœux, vous ont satisfaits,
Pour peu que le désir vous prenne
De crier bravo! de rire aux éclats....
Ne vous gênez pas (*bis.*)
Avec nous, messieurs, ne vous gênez pas.

FIN.

www.ingramcontent.com/pod-product-compliance
Ingram Content Group UK Ltd.
Pitfield, Milton Keynes, MK11 3LW, UK
UKHW021005220726
13924UKWH00002B/903